OPUSCULE

ANTI-SOCIALISTE

SUIVI DE

QUELQUES OBSERVATIONS

Relatives au Travail Agricole et Industriel.

Par C.-D.-F. CHAIX.

MARSEILLE.

IMPRIMERIE JOSEPH CLAPPIER, RUE SAINT-FERRÉOL, 27.

—

1851

PREMIÈRE PARTIE.

—

DU SOCIALI-COMMUNISME

Il est des écrivains connus sous le nom de socialistes qui cherchent à séduire leurs semblables pour en faire des instruments ou des complices, et qui aspirent à se rendre célèbres par la nouveauté et par l'indépendance de leurs opinions. Ils se font un mérite de se mettre au-dessus des jugements du vulgaire, ne voyant pas les résultats éloignés de certaines actions ou de certaines habitudes, ils poussent les hommes vers le désordre et la misère en croyant les ramener dans leur état naturel. C'est ainsi qu'on est arrivé à considérer l'association conjugale, la famille, la subordination des enfants envers leurs parents, le respect de la propriété et l'ordre social lui-même, comme des résultats de la violence, de l'imposture ou du caprice; c'est au nom des intérêts de l'humanité qu'on a poussé les peuples vers un état pire que l'état sauvage.

Les sociali-communistes attribuent à leurs systèmes des biens qu'ils ne produisent pas et qui ne sauraient en être la suite, comme ils attribuent à l'état de choses actuel tous les maux imaginables et dirigent ainsi l'attention et les efforts des hommes vers une fausse cause et les détournent de la véritable, parce qu'ils font voir les choses autrement qu'elles ne sont et à travers le prisme de leurs illusions et la fantasmagorie de leurs utopies.

Ces sophismes et ces faux systèmes sont plus funestes à l'humanité que les mauvaises actions prises isolément. En effet, le sociali-communisme s'attaque à la société elle-même, dans son principe et dans ses éléments constitutifs, qui ont toujours été plus essentiellement inviolables et sacrés que les droits privés des citoyens, parce que l'infraction à ceux-ci ne trouble pas aussi directement l'ordre public, sans lequel il n'existe point de véritable liberté.

Le moindre inconvénient de ces théories subversives serait de bouleverser de fond en comble l'ordre social établi, de briser toutes les habitudes, tous les droits acquis et d'enlever à l'homme, sous prétexte de le rendre plus heureux, son indépendance et sa liberté.

Le fouriérisme, cette école d'anarchie, qui, par la réunion de quelques aphorismes sonores et trompeurs, voudrait faire rétrograder la société à la barbarie des premiers âges, abolir la famille et la propriété, aurait pour effet de placer l'homme civilisé dans la condition des esclaves qui n'avaient rien en propre.

Ces prétendus réformateurs qui représentent les anciens

épicuriens ignorent sans doute que le domaine des choses ne peut rester incertain et que la république de Platon, où les mêmes idées étaient émises, n'est qu'un vieux roman suranné.

Les doctrines nouvelles, pour passer dans les lois, doivent avoir d'abord pénétré dans les esprits et dans les mœurs, aussi l'étrangeté des idées socialistes a apporté une perturbation dans la société et éloigné la confiance.

Le droit de propriété est la base de tout ordre social; s'il n'existait pas il n'y aurait plus que chaos et désordre, il est essentiellement de droit naturel et a été consacré chez toutes les nations civilisées, depuis l'antiquité la plus reculée; seulement il a été réglementé par les lois civiles, qui ont reconnu le droit du premier occupant; *spoliatus ante omnia restituendus*. Car, suivant les stoïciens, vivre selon la justice, est vivre selon la nature.

En parlant de la propriété, Jean-Jacques Rousseau s'exprime ainsi :

« Il a fallu faire bien des progrès, acquérir bien de
« l'industrie et des lumières, les transmettre et les aug-
« menter d'âge en âge avant que d'arriver à ce dernier
« terme de l'état de nature. »

Un publiciste éminent, savant professeur de législation, dit, dans un de ses ouvrages : « Si un gouvernement s'a-
« visait de défendre aux pères de nourrir leurs enfants,
« ou de leur laisser leurs biens, les pères nourriraient
« leurs enfants et leur transmettraient leurs biens mal-
« gré lui. »

Le paysan qui possède quelques parcelles d'une terre infertile, sur le penchant d'un rocher, qu'il a sauvées de la destruction par de pénibles travaux d'arts, en est-il moins un prolétaire? S'il en diffère c'est par l'économie, le travail et la résignation ; il n'en est pas moins toujours préoccupé d'acquérir quelques lambeaux de terrains, c'est ce qui démontre que le sentiment de la propriété peut seul enfanter des prodiges de culture, et que la propriété divisée produit infiniment plus, par suite de la division du travail et de l'intérêt urgent qu'a le petit propriétaire d'améliorer son champ.

Si on était sûr de ne point travailler et acquérir pour ses enfants, on ne verrait plus cultiver en bon père de famille, il n'y aurait plus de travaux d'améliorations, on vivrait au jour le jour, et comme un fermier peu consciencieux qui épuise le sol sans s'inquiéter de l'avenir. Le sentiment de la famille et de la propriété est le mobile de toutes les bonnes actions et de l'activité de l'homme. On ne peut comprendre cette fausse paternité, qui nous ferait sacrifier notre propre famille, nos enfants, réduisant ainsi les plus beaux sentiments de la nature humaine à l'instinct de la brute.

La postérité ne voudra pas croire qu'au dix-neuvième siècle on ait été obligé de lutter contre une foule d'utopies, plus étranges les unes que les autres, tendant à la désorganisation de la société, et d'inscrire dans la Constitution de 1848 que la République a pour base la famille, le travail, la propriété, l'ordre public.

La propriété c'est le produit du travail capitalisé; or, si la propriété n'existait pas, il n'existerait bientôt plus de travail; ce serait la dissolution de la société, et l'humanité serait précipitée dans l'esclavage, ou réduite à l'état sauvage.

La propriété était si respectée chez les Romains, qu'ils avaient mis les bornes séparatives sous la garde d'une divinité particulière, du dieu *Terme*. « Ainsi, dit M° Henrion de Pensey, dans le système de législation le plus « parfait qui ait jamais existé, arracher une borne, c'était « commettre un délit tout à la fois religieux et civil; c'é- « tait offenser les hommes et les dieux. »

Un des coriphées du socialisme a osé dire : La propriété c'est le vol; c'est bien la thèse contraire qui est vraie : *Est vol ce qui n'est pas propriété; il n'y a point de droit contre le droit.*

Il n'y a que le principe de la propriété qui, par sa puissance, ait la force de rendre le travail attrayant et léger, son stimulant passionne l'homme mieux que toutes les aberrations, qui s'éloignent sans cesse de la pratique, la preuve en est, qu'il n'y a pas de propriétés plus négligées et plus improductives que celles qui sont dans l'indivision; mais aussitôt que cet état cesse d'exister, la loi d'attraction, d'affection, reprend tout son empire, le propriétaire trouve alors attrayants les travaux qu'il exécute à son champ, dont il est maître absolu. L'esprit de l'homme a une tendance incessante vers le pouvoir et la possession des choses; pour changer ces dispositions naturelles, il faudrait réformer la nature humaine, ce qui n'appartient qu'à Dieu seul de faire.

Si on voulait encore une preuve puisée aussi dans la pratique, car elle seule ne ment pas, que le système de travail attrayant proné par les socialistes phalanstériens, ne repose sur aucune base solide, c'est que les prestataires qui travaillent dans l'intérêt de la communauté ont une répugnance invincible pour accomplir leurs journées, et que pour la combattre on a été obligé de recourir au travail à la tâche ; ils considèrent généralement comme un temps perdu celui qu'ils emploient à l'amélioration des chemins voicinaux de la commune, ils ont cependant à ces travaux le même intérêt que la phalange dans la lieue carrée dont elle serait en possession. Ce n'est que par l'achèvement des routes commencées que l'on peut donner à l'agriculture les débouchés qui lui manquent, que l'on augmentera la richesse agricole, en diminuant les frais de transport et d'exploitation, si onéreux dans l'état actuel. La prestation en nature n'offre d'ailleurs aucune analogie avec la corvée que le seigneur imposait autrefois à ses vassaux, car le citoyen travaille pour la commune et pour lui-même, puisqu'il en est membre, autrement on pourrait dire avec bien plus de raison que les travaux des associés phalanstériens seraient une corvée perpétuelle. On est naturellement laborieux quand on travaille pour soi, parce qu'on sait qu'on doit profiter du bien-être qui résulte de ce travail ; la terre produirait donc moitié moins, le travailleur n'ayant pas pour stimulant le bénéfice.

Que sont devenus ces grands mots, vides de sens : Organisation du travail ? Ils se sont évanouis comme un songe, lorsqu'il a fallu en faire l'application ; il en serait de même de ceux de : Rénovation sociale ; ils auraient bientôt perdu leur prestige dans l'esprit des socialistes honnêtes et de bonne foi, s'il leur était permis d'en venir à la pratique de leurs systèmes. Les insensés qui ont la prétention de changer toutes les conditions de la société humaine , famille, propriété, religion, lois, s'ils pouvaient réussir un seul jour, ils nous plongeraient dans la misère, tout en prétendant appeler le peuple au bien-être , en minant l'édifice social.

Le succès de ces doctrines, s'il était possible, convertirait tous les biens qui sont aujourd'hui dans le commerce en biens de main morte, état de choses qui a cessé depuis que le peuple a reconquis ses droits et sa liberté. On doit faire à ces propagateurs de vaines théories l'application de la maxime : *Folle est la sagesse qui veut être plus sage que la loi*, car leur développement tendrait à la dégradation la plus complète de l'espèce humaine.

Tant que les principes éternels de la justice et du droit seront mis en question, la société sera sans stabilité, il n'y aura ni confiance ni prospérité. Pour arriver à la saine pratique des affaires, il faut sortir des abstractions, s'adresser aux instruments nécessaires, aux réalités et repousser les illusions et les rêveries.

Le système phalanstérien conserverait, dit-on, le droit au capital. Cette promesse n'est qu'un leurre ; quelle ga-

rantie les capitalistes auraient-ils de leurs droits? ils seraient bientôt contraints, par une révolution intérieure,
égalitaire et phalanstérienne, de vivre à la gamelle, comme ceux qui n'auraient apporté dans la commune socié-
taire que la promesse de leur travail ou de leur industrie
et de nourrir à leurs dépens les paresseux qui feraient partie
de l'agrégation. Il n'y aurait aucun moyen d'obtenir justice, nul moyen coercitif pour contraindre au travail ceux
dont le bonheur consisterait à vivre dans la dépravation et
l'oisiveté. Il est cependant conforme à tous les principes de
la logique, de la justice et de l'équité, que celui qui a
travaillé jouisse du fruit de son labeur.

Nous le répétons, le travail a pour effet comme pour
but de produire le capital; or, si le capital n'existait plus
par une conséquence forcée, il n'y aurait bientôt plus de
travail, et le travail c'est la richesse.

Il est donc évident que les écrivains socialistes nous
trompent et acquièrent une déplorable célébrité en vou-
lant s'élever sur notre commune misère.

Nous ne pouvons pas être tous au même niveau de for-
tunes, parce que nos aptitudes sont différentes pour acquérir la richesse, et cela est dans la nature, car, de même que
les hommes ont des dissemblances physiques, il y a égale-
ment entre eux des différences sous le rapport intellectuel;
aussi, tous les jours, des artisans s'enrichissent et des pro-
priétaires se ruinent.

Si nous voulons nous enrichir, mettons en pratique les
enseignements que nous trouvons dans la science du *Bon-*

homme Richard, dont les maximes sont un code de sagesse et émanent d'un vrai républicain, ouvrier et philosophe ; nous en citerons les passages suivants :

« Que signifient les désirs et les espérances de temps
» plus heureux ? Nous rendrons le temps meilleur si nous
» savons agir. Le travail n'a pas besoin de souhaits. Celui
» qui vit d'espérances court risque de mourir de faim. Il
» n'y a pas de profit sans peine. Quiconque est laborieux
» n'a point à craindre la disette, car la faim regarde à la
» porte de l'homme laborieux, mais elle n'ose pas y entrer.

» Sans travail et sans économie vous ne ferez rien ;
» avec eux vous ferez tout. Celui qui gagne tout ce qu'il
» peut gagner honnêtement, et qui épargne tout ce qu'il
» gagne, sauf les dépenses nécessaires, ne peut manquer
» de devenir riche, si toutefois l'Être suprême qui gou-
» verne le monde, et vers lequel tous doivent lever les
» yeux pour obtenir la bénédiction de leurs honnêtes ef-
» forts, n'en a pas, dans la sagesse de sa providence, dé-
» cidé autrement. »

Plus on aime quelqu'un moins il faut qu'on le flatte, a dit un auteur, ainsi rappelons encore ici que le bonheur n'est jamais parfait en ce monde, même avec la possession des intérêts matériels, à la recherche desquels on est trop souvent, c'est ce qu'a exprimé un roi philosophe et poète (1) dans ces deux beaux vers :

> Et la pourpre et la bure éprouvant le malheur,
> L'un pleure sur le trône et l'autre en sa chaumière.

(1) Frédéric-le-Grand, roi de Prusse.

Si nous voulons éviter la misère et les perturbations sociales qu'elle entraine, repoussons à jamais les principes anti-sociaux du sociali-communisme, qui sont essentiellement contraires à la nature de l'homme et pratiquons la fraternité, en nous entr'aidant les uns les autres et en observant les lois morales et les lois écrites qui régissent la société, la famille et l'individu.

DEUXIÈME PARTIE.

—

ENQUÊTE

SUR

Le Travail Agricole et Industriel.

———

Le décret de l'Assemblée nationalee du 25 mai 1848 ordonne qu'une enquête sera faite dans toute l'étendue de la République, sur le travail agricole et industriel; une des principales questions posées est celle-ci :

Quels seraient les moyens d'arrêter l'émigration vers les villes des travailleurs des campagnes, et d'appliquer aux travaux des champs les bras inoccupés de l'industrie?

Le Gouvernement doit donner une active impulsion aux travaux agricoles; mais on ne peut formuler comment doit s'exercer son initiative, pour encourager le développement de l'agriculture, dans le but de retenir dans leurs foyers les ouvriers qui, ne trouvant pas chez eux des moyens d'existence, émigrent dans les grandes villes.

Le moyen de rémédier à cet état des choses est d'augmenter la surface du sol cultivable par des améliorations de terrains, des défrichements et des dessèchements, voilà la théorie; occupons-nous actuellement de la pratique, pour la solution de ce problême.

L'Etat doit faire ce que font les compagnies qui achètent des terres pour les revendre en détail aux particuliers, avec cette différence que le Gouvernement ne se rendrait acquéreur que de terres incultes ou susceptibles d'améliorations, qu'il ferait mettre en bon état de culture, à ses frais, et les revendrait aux travailleurs des campagnes à des prix modérés, de manière, cependant, que le produit des reventes l'indemnisa des prix d'acquisition et des sommes qu'il aurait employées aux travaux effectués. L'Etat pourrait avoir un compte ouvert, au moyen d'un délégué cantonal, avec chaque travailleur et imputer une partie du prix de la main-d'œuvre sur les sommes qui seraient dues par ces ouvriers pour prix d'acquisition, ce qui leur faciliterait les moyens d'acheter des parcelles de terrains ; ce système constituerait en quelque sorte une caisse d'épargne, dont les sommes ne seraient rendues qu'en valeurs immobilières et aurait pour effet d'attacher au sol natal une foule de citoyens qui vont chercher du travail dans les grandes villes et augmenter le nombre des ouvriers sans ouvrages.

Le Gouvernement, par l'institution de ces banques

agricoles, organisées sur ces bases, rendrait un éminent service aux populations des campagnes en favorisant le développement de l'agriculture; ce serait aussi un puissaut moyen d'assurer l'ordre public, en associant plus de monde aux idées de respect pour la propriété, en augmentant le nombre de ceux qui possèdent et par l'amélioration progressive du bien-être qui en résulterait.

Il ne doit plus y avoir en France de terres incultes, et la richesse nationale peut être ainsi presque doublée en moins d'un demi-siècle.

Le défaut d'encouragement paralyse les meilleurs efforts, aussi les primes accordées aux cultivateurs laborieux, qui ont mis en état de produire des terrains incultes, ont un heureux résultat.

L'abaissement progressif de la contribution foncière, dont M. le Président de la République a pris l'heureuse initiative, est le plus puissant moyen pour encourager l'agriculture et éviter les émigrations vers les villes.